9 789398 503645

Printed at Repro India Ltd.

حكاياتي مع التاروت

للإعلامية حنان إسماعيل

اسـم الكتـــاب : حكاياتـــي مـــع التـــاروت

الـــتـــألـــيف : الإعلاميـــة حنـــان إسماعيل

نـــوع العمـــل : عـــــلـــــوم

إخـــراج الكتـــاب : أسامـــة أحمـــد خوجلـــي

الطبعـــة الأولـــى : 2024/2023

رقـــم الإيـــداع : 2023/00000

الترقيـــم الدولـــي : 978-9-3985-0364-5

الـــنـــاشـــر : المصرية السودانية الاماراتية

الدار المصرية السودانية الاماراتية : Facebook

Email : mahaelmukdad@gmail.com

TEL : 00 20 128 9024 05

حكاياتي مع التاروت

للإعلامية حنان إسماعيل

إهداء

إلى أميرات قلبي ، بناتي الحبيبات

أعترف أن حياتي أصبحت أجمل بكثير منذ دخولكن إليها، أن تن الأمل والفرح، ومصدر الطاقة الإيجابية التي تحتاجها حياتي، أن تن قصة الحب التي لا تنتهي إلا بانتهاء حياتي .

في عيون كن أجد معنى الحياة، وفي ضحكاتكن أجد السر الذي يضيء لي الطريق في اللحظات الصعبة ، وأشعر بالامتنان العميق لكل لحظة قضيتها بجانب كن.

أهديكن هذا الكتاب الذى يحمل في طياته قطعًا من وقتي وجهدي، بينما أنتن من تشغلون قطعاً من قلب ي وروحي بأكملها ، كم أنتم أعز القلوب بالنسبة لي ، دمتم مصدر الفرح والحب والسعادة والإلهام في حياتي.

كل حب واعتزاز، حنان إسماعيل

المقدمة

في عالم مليء بالغموض والتشويق، يمتزج فيه الواقع بالخيال، تظهر الأوراق الملونة والرموز الغامضة لتروي قص ص لا تنتهي حتى وإن تشابهت وتكررت القصص لأفراد مختلفين ، عبر تاريخٌ يمتد مع العصور، مع علم ينبثق من أعماق الروح .

كتابي "حكايات ى في عالم التاروت ،"استعرض فيه معكم أسرار هذا العل م القديم ونستكشف رحلة المعرفة والتحول.

فعندما يتعلق الأمر بالتاروت، يثُار الفضول وتنبعث الأسئلة حول مدى حقيقة هذا الفن أو العلم الغامض وإمكانية وحقيقة تأثيره على حياتنا.

هل هو مجرد لعبة من أوراق؟ أم هو نافذة نحو عوالم أخرى؟ وما هي القصص والتجارب التي شهدتها أوراق التاروت على مر العصور ؟

في هذا الكتاب، نتعرف على أصوات الماضي والحاضر، وسنستكشف معًا جذور التاروت وكيف نما وتطور عبر الزمن ، وسنلمس أثره على الثقافات المختلفة ونفهم كيف ارتبط بالعقائد والفلسفات.

هذا الكتاب ليس مجرد كتاب أو بحث للتاريخ ، بل هو دعوة لاستكشاف أعماق الذات واكتشاف الطاقات الكامن ة والآراء المختلفة المؤيدة والمعارضة، كما سنشارك قصصًا حية لأولئك الذين تأثروا بعلم قراءة التاروت وشاركوا تجاربهم معي ، فما أجمل أن نتعرف على تلك الروايات التي تجسد قوة الروح وتأثير التواصل مع عوالم لا ترُى.

ادعوكم إلى الاستمتاع برحل تى المشوقة والتفاعل مع محتوى هذا الكتاب، ليس فقط كمتلقين بل كشركاء في هذا الاستكشاف في عالم التاروت بقلوب مفتوحة وأفكار فضولية ، فربما تكون هذه الصفحات بداية رحلة جديدة لكم في فهم عميق وشيق لهذا العلم الذي يمزج بين الحكمة والغموض، ويخفق قلبه في صدر كل ورقة واثار الجدل بين المؤيدين والمعارضين والتعددية فى الآراء

.

عالم أوراق التاروت (العالم الساحر الذي جمعني بالعديد من القصص والتجارب الفريدة) ، كحنان إسماعيل، المذيعة التلفزيونية والكاتبة الصحفية ، وجدت الرغبة الملحة لتقديم مشروعًا خاصًا استنبطته من سلسلة حلقات التلفزيون التي قدمتها حول هذا العالم الساحر .

لقد كانت رحلة فريدة ومثيرة اجتمعت فيها مع الأشخاص والخبراء في قراءة التاروت وعلم النفس والتنمية البشرية الذين شاركوني في استكشاف عالم التاروت ومدى تأثيره على حياة الناس المتابعين له.

عبرتُ في هذه الرحلة عن طموحي في فهم التاروت بعمق، وتوصيل هذا الفهم إلى الجمهور بطريقة تليق بمسئوليتى كصحفية ومذيعة . لم أكن فقط مهتمة بقراءة الأوراق وفهم الرموز، بل كنت أسعى لفهم كيف يؤثر التاروت على حياة الأفراد وكيف يمكن أن يكون له دور في توجيههم وتحفيزهم ، حتى وإن كنت محايدة بحكم مهنتي لا مؤيدة ولا معارضة .

في هذا الكتاب، سأقدم لكم مجموعة من القصص الملهمة والتجارب الشخصية، التي جمعتها خلال رحلتي مع التاروت .

وفي محاولة لتوسيع النقاش، سأتناول وجهات النظر المتنوعة حول التاروت، من المؤيدين الذين يرون فيها وسيلة للتأمل والتوجيه، إلى المعارضين الذين يعتبرونها خدعة أو حتى شعوذة.

وسألقي نظرة على تاريخها وأصلها، ونبحر في عوالم مختلفة تحت إشراف هذه الأوراق الرمزية.

هذا الكتاب هو دعوة للقراء لاستكشاف هذا العالم برؤية متوازنة وفهم عميق، في حين يساهم بالتوازن بين الروحانية والواقعية.

أتمنى أن تجدوا في هذه الصفحات إلهامًا وفهمًا، وأن يكون هذا العمل بمثابة جسر بين عالم التاروت وخبراءه وعالم الواقع الذي نعيشه.

الفكرة والمصدر

في بداية الرحلة:

الإلحاح الشديد من الاصدقاء والمعارف والزملاء لعمل العديد من حلقات عن قراءة التاروت ، وحديثهم الشيق عن تجاربهم مع تلك القراءات ومصداقيتها رغم قناعاتهم وايمانهم التام بأنه)كذب المنجمون ولو صدفوا(إلا أنهم اعترفوا بأن تلك القراءات دائما تصادف الالتقاء بما يحدث لهم بالفعل، وانجذابهم رغم قناعاتهم للاستماع ومتابعة تلك القراءات التي صارت بالنسبة لهم بمثابة سحر الكلمات التي ادمن البعض على سماعها والتفاعل معها رغم التناقض التام بين ما يفعلوه وما يؤمنوا به من أنها صدفة ليس إلا.

الإلهام ومصدر الفكرة:

وبما إن كل مشروع يبدأ بلحظة من الإلهام، تولّ د ت الفكرة التي تسلل ت إلى العقل بضرورة التغذي من الخبرات والتجار ب والدراسة لهذه الظاهرة

كإعلامية ومذيعة تليف زيونية، كانت تلك الفكرة تدور حول عالم التاروت، هذا الكون الغامض الذي يحمل في طياته الكثير من الأسرار والحكايات.

وفي أحد الأيام، كنت أتفحص المواضيع المثيرة التي يمكنني تقديمها في برنامجي التلفزيوني، وهنا كانت التاروت تلوح في الأفق.

ومن ثم تأثرت بالقصص والمشاهد التي شهدتها أثناء حلقاتي عن التاروت، وأدركت كيف يمكن أن يكون هذا العلم ذو تأثير عميق على حياة الناس ، كما لمس ت ايضا بعض المعتقدات المغلوطة والفهم الخاطئ للبعض حيث أنهم اعتقدوا أن خبراء وقراء التاروت هم معالجين روحانين تارة ومفسرين أحلام تارة أخرى .

فكانت هذه المداخلات ليست مجرد مداخلات مع أفراد من الجمهور الذى اعربوا عن رغبتهم فى قراءات خاصة بتاروت بل كانت بمثابة تحفيزاً حقيقياً ومصدرا أساسيا لكتابة هذا الكتاب

وختامًا:

لم تكن الفكرة هي النهاية، بل بداية الرحلة لـ "حكاياتي في عالم التاروت" الذى أصبح مشروعًا لفتح أبواب الحوار حول التارو ت ، ودراسة الظاهرة بشكل اعمق لمعرفة كيف يمكن أن يلمس هذا العلم حياة الأفراد بطريقة لا تصدق. فتم إطلاق كتابي "حكاياتى في عالم التاروت" ، الذى يعكس لمحة عن تفاعلي مع المشاهدين وكيف أصبحت التاروت جزءًا من حياتهم وتجاربهم الشخصية ، وأتمنى أن تجدوا في صفحاته تفاصيل مشوّقة وتجارب ملهمة .

هذا المشروع ليس مجرد كتاب، بل رحلة شخصية استمدت إلهامها من الحياة الواقعية ، والمصادر الحقيقية خبراء أو جمهور ، وبعض المراجع العالمية التي ألهمتني لاستكشاف العمق وراء هذا العالم الغام ض.

الفصل الأول

التاروت ما بين الوهم والحقيقة

- معناه
- نشأته
- تطوره وأسراره

قبل أن اتناول حجج المؤيدين والمعارضين للتاروت ، كان لابد من معرفة معنى الكلمة نفسها ، وكما يعتبره البعض علم والبعض الآخر يعتبره نوع من أنواع الفن، وسواء كان التاروت علم أو فن فكان لابد من معرفة تاريخه ومن هو مؤسسه.

أصل كلمة تاروت :

فالتارو ت(Tarot) هي كلمة كانت تستخدم للإشارة إلى نظام من البطاقات يعتمد على مجموعة من الرموز والصور، ويستخدم لأغراض مختلفة مثل التنبؤ والتوجيه ، والكلمة نفسها لا تحمل معنى محدداً في اللغة، وإنما هي تشكل تسمية لهذا النوع الخاص من البطاقات.

تعود كلمة "تاروت" إلى اللغة الفرنسية، حيث كانت تسُتخدم في بداياتها للإشارة إلى لعبة البطاقات. تاروت بالفرنسية ينُطق "ترُ َو"، وقد تم استخدام هذه الكلمة لوصف البطاقات التي تشكل جزءًا من هذه اللعبة.

نشأة التاروت وتطوره:

على الرغم من أن "تاروت" كلمة فرنسية ، إلا أن نظام البطاقات نفسه يمتلك جذورًا إيطالية حيث ظهرت لأول مرة في إيطاليا في القرن الخامس عشر.

والتاروت ليس له مؤسس محدد أو فرد قام بإنشائه، وكانت في البداية تستخدم كلعبة ترفيهية تتألف من مجموعة من البطاقات تضم أقسامًا مختلفة تمثل مظاهر الحياة ، ثم تطورت فكرة استخدام التاروت في العقائد الروحية والتنبؤ بالمستقبل بمرور الوق ت، ثم في القرون الوسطى، أصبحت بطاقات التاروت جزءً من الثقافة السحرية والروحية، وبدأت تستخدم في العديد من التقاليد الدينية والروحانية.

تعريف التاروت:

تستمر فنون التاروت في التطور والتكيف مع التغيرات الاجتماعية والثقافية، مما يجعلها لا تزال ذات أهمية في العديد من التقاليد والمجتمعات المعاصرة ، إلى

أن اصبح للتاروت تعريف أشمل وهو نظام من أنظمة قراءة الطاقة والتنبؤ يعتمد على استخدام أوراق مصممة خصيصًا تعرف ببطاقات التاروت.

تمثل هذه البطاقات مجموعة متنوعة من الرموز والصور، وتستخدم لفهم الحياة وتوجيه الأفراد في مختلف المجالات بما في ذلك العلاقات والمهنة والرفاهية والصحة.

مؤسس التاروت:

وإن تم التعامل مع التاروت بصفته علم فلا يوجد علم أو نظرية ما إلا وكان لها مؤسس، هذه المدرسة التي تعاملت معه بصفته علم تجد أن له مؤسسين ومطورين وتم تقسيمهم كما يلى:

a. مؤسسة النمط الفرنسي :

يعتبر Jean-Baptiste Alliette، المعروف أيضًا باسم "إتيين"، أحد أوائل الرواد في نقل التاروت من الأدوات الترفيهية إلى أداة للتنبؤ. حيث كتب كتباً حول فنون التاروت وساهم في تطوير مفهوم القراءة الروحية.

b. تطوير الرموز والصور :

فى وقت لاحق، قامت شخصيات أخرى مثل Antoine Court de Gébelin وEtteilla بتطوير الرموز والصور في بطاقات التاروت. قاموا بتغيير الرموز لتعكس مفاهيم روحية أكثر.

c. التأثير الإنجليزي:

في القرن التاسع عشر قامت شركات إنجليزية بإنتاج ألعاب التاروت بتصاميم جديدة، مما ساهم في نشر استخدامها كأداة للتنبؤ والتأمل.

القراءة والتأويل والرموز والرؤى المختلفة لقارئي التاروت :

يوجد محترفون في فن قراءة التاروت يعُرفون باسم قرّاء التاروت، الذين يقدمون جلسات للأفراد لفهم الأحداث المستقبلية أو الوصول إلى توجيه حول قضايا معينة.

يتطلب فهم أوراق التاروت فهمًا للرموز والرموز الرمزية الموجودة على البطاقات. يفُترض أن تكون هذه الرموز قادرة على نقل رسائل معينة أو فتح أبواب للتأمل والتفكير.

هناك مدارس واتجاهات متعددة في فهم التاروت، حيث يختلف الناس في رؤيته كأداة روحية، أو تنبؤ، أو حتى كفن معق د.

بنية أوراق التاروت :

تتألف مجموعة التاروت التقليدية من 78 بطاقة، تقُسم إلى أركان رئيسية: الأركان الكبيرة(Major Arcana) التي تضم 22 بطاقة، والأركان الصغرى(Minor Arcana) التي تتألف من 56 بطاقة مقسمة إلى أربعة

أشكال أو أزياء: القضاء(Cups) ، والعصي(Wands) والسيوف(Swords) ، والقرار (Pentacles).

الأركان الكبيرة (Major Arcana):

1. الحماية: (The Fool) بداية الرحلة، الخطوة في المجهول .
2. العجوز: (The Magician) القوة والإبداع والتحكم.
3. الإمبراطورة: (The Empress) الأنوثة والغنى والخصوبة.
4. الأمبراطور: (The Emperor) السلطة والتنظيم والسيطرة.
5. البابل) : (The Hierophant) التقليد والدين والتعليم.
6. العاشقان: (The Lovers) الحب والشراكة والتوازن .
7. العربجي: (The Chariot) الانتصار والسيطرة على القوى المتناقضة .
8. القوة: (Strength) القوة الداخلية والتحكم الروحي.
9. الساحرة العجوز: (The Hermit) البحث عن الحكمة والانعزال.
10. العدالة: (Justice) العدالة والتوازن والحق .
11. المتسلط : (The Hanged Man) التضحية والتغيير والتفكير.

12. الموت: (Death) الانتهاء والتحول وإعطاء مكان للجديد .
13. الاعتداء: (Temperance) التوازن والانسجام والتعديل.
14. الشيطان: (The Devil) الرغبات المادية والإدمان والرهبة.
15. البرج: (The Tower) التغيير السريع والتحطيم للبنيان القائم.
16. النجمة: (The Star) الأمل والتفاؤل والإلهام.
17. القمر: (The Moon) الغموض والرؤى والعواطف العميقة .
18. الشمس: (The sun) النجاح والسعادة والتوضيح .
19. القمران: (judgment) الحساب والاستيقاظ والتجديد.
20. العالم: (The World) الانجاز والاكتمال والتوازن .

الأركان الصغيرة (Minor Arcana):

تنقسم إلى أربعة أزواج:

1. العصو (Wands)
2. الكؤوس (Cups)
3. السيوف (Swords)
4. الديسكس (Pentacles)

وتتألف كل زوج من 14 بطاقة تمثل نطاقًا من الأحداث والتجارب الحياتية، ويكمن الفهم الحقيقي لمعاني أوراق التاروت في تفاعلها معًا وفي السياق الذي يظهر فيه. يمكن لقارئ التاروت أن يوفر تفسيرات فريدة وشخصية لكل بطاقة وللتوازن الذي تشكله بطاقات القراءة ككل.

أسرار قراءة التاروت:

تحمل أوراق التاروت معها لغزًا خاصًا، فهي ليست مجرد مجموعة من الرموز والصور، بل هي لغة تروي قصة الحياة بألوانها وظلالها ، وقد كشف الستار عن أسرار قراءة االتاروت أحد خبراء التاروت وإليكم بعض هذه الأسرار ليتمكن القارئ من القراءة العميقة :

1 - الإنغماس فى اللحظة :

قبل أن يبدأ القارئ في قراءة التاروت ،يستمع إلى صوت داخله ويرتبط بلحظة الآن.

فالانغماس في اللحظة يساعد على فتح قنوات الحس الرقيق وفهم رسائل التاروت بشكل أعمق .

2- التواصل مع البطاقات:

ليس كل ورقة تاروت تحمل نفس الرسالة للجميع.(يكتشف القارئ التفاصيل الصغيرة في الرموز والألوان والتركيبات، وكيف يمكن أن تتحول إلى لغة فريدة تعبر عن السائل بشكل خاص).

3- استهدام الحدس:

الحدس هو رفيق قارئ التاروت الأفضل. (يستمع القارئ إلى صوت داخلي يوج هه إلى التركيبة الصحيحة وتفسير الرموز بطريقة تتناغم مع السياق الشخصي للسائل)

4- الربط بالطاقة الروحية:

قراءة التاروت ليست مجرد تبديل للورق، بل هي تواصل بين القارئ والبطاقات على مستوى الطاقة .(يحسّن القارئ اتصاله بالطاقة الروحية لتفهم الرسائل بشكل أعمق).

5- تفسير التركيبات :

ليس كل ورقة تاروت تحمل معنى وحده، بل يمكن أن تأخذ معانٍ مختلفة باختلاف تركيبها مع البطاقات الأخرى.(يتعلم القارئ فن تفسير التركيبات للحصول على رؤى شاملة).

٦- التفاعل مع العمق النفسي:

(يتيح التفاعل مع العمق النفسي للبطاقات فهم رموزها على مستوى أعمق) . حيث يتسائل القارئ بينه وبين نفسه عن ترجمة هذه الرموز إلى تجاربه ومشاعره الشخصية.

7- الايمان بالرؤية :

(الإيمان بقدرته على استقبال رسائل واضحة من التاروت يعزز الاتصال ويفتح بوابات الفهم). لابد أن يكون واثقًا ومتفتحًا للتأمل والانغماس في هذا العالم السحري.

٨- تسجيل التجارب:

(الاحتفاظ بيوميات تاروت تسجل فيها كل قراءة وتجربة). هذا يساعد في تتبع التقدم وفهم كيف تتغير التركيبات مع مرور الوقت.

٩- تقدير الصمت :

في بعض الأحيان، يكون الصمت أفضل رد. قد يتحدث البطاقات بصمت، وفي هذه اللحظات يمكن للصمت أن يكون أقوى من الكلمات.

١٠- المرونة والابتكار:

(عدم الترد د في تطبيق طرق قراءة مختلفة وابتكار تركيبات خاصة بك). المرونة تفتح أفقًا جديداً لفهم عالم التاروت.

عندما بتعامل القارئ مع التاروت بروح استكشافية وعقل مفتوح، تظهر له أسراره بشكل أعمق، وتصبح هذه الأوراق مرشدين ورفاقًا في رحلته الروحية.

التاروت ما بين الوهم والحقيقة:

التاروت يمكن أن يفُهم بشكل مختلف من قبل الأفراد، حيث تختلف الآراء حول مدى حقيقته أو خياله. إليك بعض النقاط التي يمكن أن تساعدك في تفهم هذا النقاش:

حقيقة التاروت :

١- أدارة تفكير وتأمل : يستخدم البعض التاروت كأداة للتفكير والتأمل، حيث يرون فيها وسيلة لفهم أفضل لذواتهم وللتفكير في قضاياهم الشخصية.

٢- توجيه وإرشاد : بالنسبة لبعض الأشخاص، يعتبرون التاروت وسيلة للحصول على توجيه وإشارات حيال القرارات المستقبلية أو التحديات.

٣- تأثير نفسى إيجابى : قد يكون لتجربة قراءة التاروت تأثير نفسي إيجابي، حيث يشعر البعض بالراحة والاسترشاد من خلال هذه الطريقة.

وهم التاروت :

١- نقص الدعم العلمي : يرى البعض أن التاروت يفتقر إلى دعم علمي، وأنه لا يوجد دليل على أن هناك قدرة خارقة في قراءة البطاقات.

٢- تأثير البيئة والتوقعات : يشير البعض إلى أن تأثير التاروت يمكن أن يكون ناتجًا عن التوقعات الشخصية وتأثير البيئة، وليس بالضرورة بسبب قدرات خارقة.

٣- التأثير العاطفي والنفسي : يعتبر البعض أن تأثير التاروت يمكن أن يكون أكثر علاقة بالتأثير العاطفي والنفسي، حيث قد يكون الإيمان بتنبؤات التاروت مرتبطًا بالحالة النفسية للفرد.

بشكل عام، يعتمد ما إذا كانت قراءة التاروت حقيقة أم وهم على الاعتقادات الشخصية وتجارب الفر د، يجد البعض قيمة في هذه الطريقة كوسيلة للتفكير والتأمل، بينما يراها الآخرون مجرد ترفيه أو تجربة غير علمية.

تأثير قراءة التاروت على العقلية والصحة النفسية:

١-تحفيز التفكير الإيجابي : أن تعمل قراءة التاروت على تحفيز التفكير الإيجابي، حيث يمكن أن تقدم رؤى مشجعة حول المستقبل وتساعد في تحفيز المشاعر الإيجابية.

٢- توفير التوجيه : أن يقدم قراء التاروت إرشادات قيمة وتوجيهًا للأفراد الذين يشعرون بالحاجة إلى توجيه في حياتهم. يمكن أن يؤدي هذا إلى شعور بالأمان والاستقرار العاطفي.

٣- تشجيع التأمل والانعكاس : يتطلب فهم بطاقات التاروت وتفسيرها تأملاً عميقًا وانعكاسًا على الحياة والقرارات. هذا يمكن أن يشجع على التأمل والنظر الداخلي.

٤- التخفيف من التوتر والقلق : بعض الأفراد يجدون الاسترشاد ببطاقات التاروت كوسيلة لتخفيف التوتر والقلق، حيث يمكن أن تقدم الرؤى التي تخفف من ضغوط الحياة.

٥- تحفيز الإلهام والإبداع : قد تعمل قراءة التاروت على تحفيز الإلهام والإبداع، حيث يمكن أن تفتح أمام الأفراد آفاقًا جديدة وتشجع على الابتكار.

٦- تحسين الوعى الذاتي : من خلال استكشاف مختلف جوانب الذات والتأمل في الرموز والصور، يمكن أن تساعد قراءة التاروت في تحسين الوعي الذاتي.

٧- مواجهة التحديات بشكل إيجابي : قد يقدم قراء التاروت توجيهات حول كيفية مواجهة التحديات بشكل إيجابي، مما يمكن الأفراد من التغلب على الصعوبات بروح من التفاؤل.

٨- تعزيز السلام الداخلي : يمكن لقراءة التاروت أن تساعد في تعزيز السلام الداخلي والرضا بالنفس من خلال فهم أعماق الذات والعمل على التنمية الشخصية.

الفصل الثاني

تعددية الآراء الدينية التاروت بين المؤيدين والمعارضين

الرؤى الدينية المختلفة حول التاروت:

1 – الموقف الإيجابي:

بغض الديانات الجديدة أو الروحيات الحديثة، يفُضل بعض الأفراد استخدام التاروت كوسيلة للتوجيه الروحي والتأمل.

2– الموقف المحايد:

الديانات التي تقدر الاستفادة الشخصية: في بعض الديانات، يعتبر استخدام التاروت أمرًا شخصيًا يعتمد على النية والمقصود. إذا تم استخدامه بشكل إيجابي لأغراض التأمل والنمو الشخصي، قد يكون مقبولًا .

3– الموقف الثقافي:

الديانات القائمة على التقاليد الشعبية : في بعض الثقافات والتقاليد الشعبية، يعُتبر التاروت جزءًا من التراث الثقافي دون أن يتم ربطه بشكل مباشر بالديانات.

٤- الموقف الفردي:

الرؤى الفردية للممارسين : يختلف موقف الأفراد تبعاً لاعتقاداتهم وقيمهم الشخصية، فهناك أشخاص يرون في التاروت مجرد أداة للترفيه، بينما يعتبر آخرون أنها طريقة للتوجيه الروحي .

٥- الموقف الديني المتسامح:

بعض المجتمعات المتسامحة : في بعض المجتمعات التي تتسم بالتسامح الديني، يقُبل استخدام التاروت بشكل إيجابي إذا كان يخدم أغراضاً شخصية دون التصادم مع المعتقدات الدينية السائدة.

من المهم أن نكون على أن وجهات النظر حول التاروت تختلف بشكل كبير وتعتمد على السياق الثقافي والديني والفردي لكل فرد.

٦- الموقف السلبي:

الديانات الأحادية : في الديانات الأحادية التي تركز على الإله الواحد، قد ينُظر إلى استخدام التاروت كشكل من أشكال الشعوذة أو الاستشارة بوساطة غير دينية ويعُتبر غير مقبول.

يهمني أن أشير إلى أن التفسيرات والرؤى حول مدى توافق علم التاروت مع الأديان تختلف، ويمكن للأفراد أن يتفاعلوا معه بطرق مختلفة.

فيما يلي ،نلاحظ أن القرآن الكريم لا يتناول مباشرة علم التاروت بشكل خاص، ولكن يحتوى على بعض الأحاديث والنصوص التي يمكن استخدامها للتأمل بشكل مختلف.

1 – التحذير من السحر:

يتحدث القرآن الكريم عن التحذير من السحر بشكل عام، والذي قد يتضمن بعض التمارين التي تشبه بعض جوانب علم التنجيم أو التوجيه، ويمكن تفسير ذلك على أن القرآن يحث على تجنب مثل هذه الممارسات كقوله سبحانه وتعالى {وَاتبَّعُوا مَا تتَلْوُا الشَّيَاطِينُ عَلَى مُلْكِ سلُ ◌َيمْانَ وَمَا كَفرَ ◌َ سُليَْمَانُ وَل ◌َ ◌ّكِنَّ الشَّيَاطِينَ كَفرُ ◌َوا يعُلِ ◌َمُّونَ النَّاسَ

السِّحْرَ وَمَا أُنزِلَ عَلَى الْملكَ◌َيْنِ ببِ◌َابلِ◌َ هَارُوتَ وَمَارُوتَ ۚ وَمَا يعُلِ◌َمَّانِ مِنْ أحَ◌َدٍ حتى يقوُلَا إِنمَّ◌َا نحْ◌َنُ فِتْنَةٌ فلاَ تكَ◌ْفرْ◌ُ } (البقرة 102)

2 – التأكيد على العلم الغيبي :

يتحدث القرآن الكريم كثيرًا عن العلم الغيبي الذي يعلمه الله وحده، وهذا قد يفسر بأن البشر لا يمكنهم بالضرورة فهم أو التنبؤ بكل تفاصيل المستقبل كقوله سبحانه وتعالى : {قلُ لَّا يَعْلَمُ مَن فِي السَّمَاوَاتِ وَالْأَرْ◌ضِ الْغَيْبَ إِلَّا اللَّ◌ّ◌َ◌ُ ۚ وَمَا يشَ◌ْعرُ◌ُونَ أيَّ◌َانَ يبُ◌ْعثوُنَ} (النمل 65)

وقوله سبحانه وتعالى : {قلُ لَّا يعَ◌ْلَمُ مَن فِي السَّمَاوَاتِ وَالْأَرْ◌ضِ الْغَيْبَ إِلَّا اللَّ◌ّ◌َ◌ُ ۚ وَمَا يشَ◌ْعرُ◌ُونَ أيَّ◌َانَ يبُ◌ْعثوُنَ} (النجم 25)

تأخذ الفهم الديني عند الناس شكلاً مختلفًا وقد يكون هناك تفسيرات وآراء متنوعة حول استخدام علم التنجيم أو التوجيه ، ولا يفضل التحدث فى ذلك

الشأن إلا مع العلماء الدينيين المعتبرين للحصول على رؤية دينية أو تفسير مثل هذه المسائل.

التاروت بين المؤيدين والمعارضين :

لا شك أن التاروت باعتباره علم أو فنون بديعة تجمع بين الرموز والرؤى، قد أثارت جدلاً واسعاً بين المؤيدين والمعارضين على مر العصور. في هذا المقال، سنستكشف آراء وآراء متناقضة تجاه هذه الفنون، وكيف يتم تفسيرها واستخدامها في عدة ثقافات.

أولاً رؤية المؤيدون :-

١- وسيلة للتأمل والتوجيه الشخصي:

يرون المؤيدون أن التاروت يمثل وسيلة للتفكير العميق والتأمل الذاتي. يعتبرون استخدام الأوراق والرموز وسيلة لفهم أعماق الذات.

٢- تاريخ يعود لقرون:-

يؤكد المؤيدون على أن التاروت له تاريخ طويل ومحترم، ما يبرز أهمية وجوده في الثقافة البشرية على مر العصور.

3– التنبؤ والتوجيه:-

يرون التاروت كأداة للتنبؤ والتوجيه في الحياة. يعتبرون أن ترتيب الأوراق يمكن أن يكشف عن مستقبل الشخص أو يقدم نصائح قيمة.

حجج المؤيدين لاستخدام التاروت:

١- أداة للتوجيه والتفكير الإبداعي : يرون المؤيدون لاستخدام التاروت أنه يمكن أن يكون أداة فعّالة لتوجيه الأفراد وتحفيز التفكير الإبداعي. يعتبرون أن كل بطاقة تحمل رمزًا يمكن أن يفتح أفقًا جديداً ويسهم في إلهام الأفراد.

٢- فهم أعماق الذات : يرى البعض أن قراءة التاروت يمكن أن تساعد في فهم الأعماق النفسية والروحية للفرد. تظهر الرموز والصور في البطاقات كرموز لجوانب مختلفة من الذات، مما يسهم في توجيه الفرد نحو التنمية الشخصية.

٣- مصدر للإلهام والتفاؤل : يروج المؤيدون للتاروت إلى أن استخدامه يمكن أن يكون مصدرًا للإلهام والتفاؤل. بطاقات التاروت قد تقدم توجيهًا إيجابيًا وتشجيعًا للأفراد، مما يساعدهم في التعامل مع التحديات بروح إيجابية.

٤- التواصل مع اللاوعي : يؤمن بعض المستخدمين بأن قراءة التاروت يمكن أن تساعد في التواصل مع الجوانب اللاوعيّة للعقل، وتكشف عن أفكار ومشاعر لم تكن واضحة بالنسبة للفر د.

٥- تعزيز التأمل والتفكير العميق : يروج بعض الأشخاص لفعالية التاروت في تحفيز التأمل والتفكير العميق. قد تقدم بطاقات التاروت نقاط بداية للتفكير في قضايا هامة وتحفيز الفرد لاستكشافها بعمق.

٦- مصدر للإرشاد الروحي : يعتبر البعض أن استخدام التاروت يمكن أن يكون مصدرًا للإرشاد الروحي، حيث يقولون إن الرموز والصور قد توفر للأفراد رؤى حول مسارهم الروحي والركائز التي يمكن أن يعتمدوا عليها.

ثانياً رؤية المعارضون :-

١- تاريخ غامض وأصل مشكوك فيه:

يعارض بعض الناس استخدام التاروت بناءً على أنهم يرون أن أصله غامض ومشكوك فيه، وهو أمر قد يثير شكوكهم في مصداقيته.

٢- اعتبارها خدعة أو شعوذة :

يعتبر بعض المعارضين أن التاروت ليس أكثر من خدعة أو شعوذة، وأن القدرة على قراءة الأوراق لا تمت للواقع بأي صلة.

٣- تأثيرها السلبى على العقلية:

يشدد المعارضون على أن التاروت يمكن أن يكون له تأثير سلبي على العقلية، حيث يمكن أن يسبب القلق أو الخوف نتيجة لتفسيرات سلبية.

أسباب شكوك المعارضين لاستخدام التاروت :

١- غياب الأساس العلمي : يعارض بعض الأشخاص استخدام التاروت بسبب غياب أساس علمي في القراءة الخاصة به. يرى المعارضون أنه لا يوجد دليل علمي يثبت صحة تأثير بطاقات التاروت على حياة الإنسان.

٢- تصنيفه كشكل من أشكال الشعوذة : يعتبر التاروت من قِبل بعض المعارضين كشكل من أشكال الشعوذة أو السحر. يرون أن الاعتماد على البطاقات للتنبؤ بالمستقبل يعتبر تصرفًا خارجًا عن الطبيعة.

٣- تشجيع الاعتماد على القدر : يرى بعض المعارضين أن استخدام التاروت يشجع على الاعتماد على القدر وترك الأمور للحظات خارجة عن سيطرة الفرد .

٤- التشكيك فى مصدر القدرة الروحية : يشكك بعض المعارضين في قدرة القراءين على الفهم الروحي والتوجيه الذاتي، ويرى بعضهم أن هذه القدرة لا تستند إلى أساس علمي قوي.

أراء ترى في التاروت شكلاً من أشكال الشعوذة أو الغموض :

١- التبني الثقافي والروحي : يروج بعض المعارضين إلى أن التاروت يعتبر جزءً من التبني الثقافي والروحي، ويعتبرونه شكلاً من أشكال الشعوذة التي لا تمت إلى العقائد الدينية المعتادة.

٢- التأثير على العقائد الدينية : قد يعتبر بعض الأفراد استخدام التاروت مخالفًا لعقائدهم الدينية، خاصة إذا كانت تتعارض مع المبادئ الدينية التي يؤمنون بها.

٣- ترويج الغموض والخرافة : يعتبر بعض المعارضين أن التاروت يروّج للغموض والخرافة، ويشككون في فعاليته كأداة حقيقية للتنبؤ أو التوجيه.

٤- الاستفادة المالية : هناك آراء تشير إلى أن بعض قراء البطاقات يستغلون الاهتمام بالتاروت للحصول على فوائد مالية، مما يزيد من شكوك المعارضين حيال نزاهة القراء.

ثالثاً رؤية التوازن والاحترام :-

على الرغم من الانقسام بين المؤيدين والمعارضين، يظل من المهم أن نحترم وجهات النظر المختلفة وأن نفهم السياق الثقافي والتاريخي الذي قد يؤثر على هذه الآراء، إن فهم التاروت يحتاج إلى توازن بين الفهم العقلاني والاحترام للتنوع الثقافي، مما يجعلها تظل موضوعًا شيقًا ومثيرًا للجدل.

الفصل الثالث

حكاياتي مع التاروت

التاروت باعتباره كما يراه البعض نوع من أنواع الفنون العرافية يستخدم في قراءة البطاقات للتنبؤ بالمستقبل أو فهم الوضع الحالي. يعتبر التاروت من وسائل التنبؤ التي تثير الفضول وتشد الانتباه. فيما يلي بعض القصص الخيالية العالمية والمستوحاة من عالم الغموض عالم التاروت ثم يتبعها استعراض بعض القصص لبعض الحالات الحقيقة والواقعية التى تم عرضها أمامى خلال حلقات برنامجى همسات لحنان إسماعيل بدءاً من المدخلات ووصولاً للتواصل مع أرقام هذة المداخلات والمتابعة الدئوبة فيما بعد الحلقات لمعرفة المزيد من الحقائق حول عالم التاروت ، وقد استعرضت هنا من خلال كتابى حكاياتى مع التاروت كل قصة واطلقت عليها عنوان ملائم لها.

القصص الخيالية العالمية والمستوحاة من عالم الغموض عالم التاروت

يحمل علم التاروت العديد من القصص الغريبة والغامضة التي تشكلت حول استخدام هذه البطاقات في التنبؤ والتوجيه. إليك بعض الحكايات الغريبة حول علم التارو ت:

١– رحلة الأركان : فى مملكة سحرية، كان هناك شاب يدعى إيريك يشعر بالحيرة بشأن مستقبله. قرر زيارة عجوز حكيمة تمتلك مجموعة من بطاقات التاروت. خلال القراءة، تكشف البطاقات عن رحلة خيالية يخوضها إيريك لاكتشاف مصيره وفهم قوته الحقيقية.

٢– العشاق المفقودون : فى مدينة قديمة، يقوم البطل بالبحث عن حبه الضائع. يستعين بخبيرة تاروت تدعى ماريا للمساعدة في العثور على العشاق

المفقودين، نكشف البطاقات وراء كل بطاقة قصة حزينة أو مغامرة مدهشة في سبيل الحب.

٣- سر القلعة المهجورة : تدعو أصوات غامضة البطلة إلى قلعة قديمة ومهجورة. هناك، تلتقي براهبة عجوز تمتلك مجموعة من بطاقات التاروت السحرية. تقود البطاقات البطلة في رحلة استكشافية للكشف عن سر القلعة والماضي الغامض الذي يكمن خلف أسوارها.

٤- رحلة البحث عن الحكمة : ينطلق مغامر شجاع في رحلة للعثور على حكيم يعيش في أعماق الغابة المظلمة. يتمكن الحكيم من قراءة مستقبل البطل باستخدام بطاقات التاروت، ولكن مع كل توقع يأتي تحدي جديد يجعل البطل ينمو ويتطور.

٥- لعنة الظلال : تكتشف شابة أن لديها قوى غامضة وتقرر استخدامها لصالح الخير. تتعاون مع قارئ تاروت محنّك لهزيمة لعنة ظلال شريرة تهدد بابتلاع العالم. يتقنون تفسير البطاقات ويستخدمونها لتوجيههم في مواجهة التحديات الخطيرة.

٦- قصة تاروت الشياطين : فى القرون الوسطى، كانت بطاقات التاروت تُربط بشكل كبير بالسحر والشياطين. تدور قصص حول استخدام التاروت في محاكاة التعاقد مع الأرواح والشياطين.

٧- تنبؤ بمصير نابليون : يقال إن نابليون بونابرت استخدم قارئ التاروت لتنبؤ مستقبله. وفقًا للقصة، تنبأت بطاقة "البرج" بسقوط إمبراطورية نابليون.

٨- التاروت وقضية جاك السفاح : هناك زعم بعض المحققين أن جاك السفاح، الذي كان يعتبر مجهولًا، قد استخدم بطاقات التاروت لترك رسائل غامضة تحتوي على رموز.

٩- التنبؤ بحوادث الطائرات : تدعى بعض التقارير أن بعض قرّاء التاروت قد تنبأوا بحوادث الطائرات قبل وقوعها، مما أثار استغراب الناس وزاد من الغموض حول هذه القدرات.

١٠- تأثير التاروت على الفنون : يشير البعض إلى أن بعض الفنانين الشهيرين، مثل سلفادور دالي، كانوا يستخدمون التاروت كمصدر للإلهام في أعمالهم الفنية.

١١- تنبؤ برحيل المشاهير : هناك قصص حول قراء التاروت الذين قدموا توقعات دقيقة بشأن وفاة بعض المشاهير، مما أثار استغراب الجمهور.

١٢- التاروت فى الثقافة الشعبية : يظهر علم التاروت في العديد من الأفلام والكتب والمسلسلات، مما يزيد من الأساطير والقصص حول هذه البطاقات.

تظُهر هذه الحكايات كيف يمزج علم التاروت بين الحقيقة والخيال في عقول الناس، وكيف يظهر في العديد من السياقات الغريبة والمثيرة للفضول.

حكاياتى مع التاروت

والآن ... استعرض معكم بعض القصص الحية التي جمعتها خلال تجربتي كمذيعة وصحفية تلفزيونية في عالم التاروت ، كل قصة تحمل في طياتها تأثيراً عميقًا ولمسات فريدة، مما يظهر أن التاروت يمكن أن يكون أداةللتوجيه والفهم في حياة الأفرا د.

رؤى توجيهية:-

في إحدى حلقات البرنامج، التقيت بسارة، التي طلبت قراءة تاروت للتوجيه في قرار حياتيها المهنية. بينما كانت تعيش في حيرة بين خيارين مهنيين، أظهرت الأوراق لها رؤى توجيهية حول المجال الذي يناسب شخصيتها وطموحاتها. بعد فترة وخلال مداخلة أخرى ، شاركت سارة قصتها حيث اتخذت قرارًا يغيّر حياتها، وقالت إن تلك القراءة لعبت دورًا هامًا في رشدها.

التنبؤ بالعلاقات:-

في إحدى الحلقات، تمت مداخلة مع شيرين، التي كانت تعاني من مشاكل في علاقتها العاطفية. طلبت قراءة التاروت لفهم الأسباب والحلول الممكنة. انعكست الأوراق على التحديات التي كانت تواجهها شيرين وقدمت توجيهات لفهم النفس والشريك. بعد وقت قصير، شاركت شيرين أن القراءة ساهمت في فهمها للوضع وساعدتها في اتخاذ خطوات إيجابية نحو إصلاح العلاقة.

العثور على الهدف الحياتي:-

في إحدى اللحظات الفاصلة في حياته طلب أحمد قراءة التارو ت فى مداخله لمساعدته في فهم الهدف الحياتي والخطوات التي يجب عليه اتخاذه . أظهرت الأوراق لأحمد صورة واضحة لاكتشاف ما يشغل باله وكيف يمكن أن يحقق طموحاته. تشارك أحمد قصته وكيف ساعدته هذه القراءة في التوجه نحو غدٍ أفضل.

تحديات الصحة النفسية:-

مداخلة أم اسماء، التي تعاني من تحديات في الصحة النفسية، طلبت قراءة تاروت لفهم جذور تلك التحديات وكيفية التعامل معها. بينما لم تكن القراءة بديلاً للعلاج الاحترافي، إلا أنها ساعدت نورا في فهم بعض الجوانب العميقة لذاتها وتحفيزها للبحث عن المساعدة اللازمة.

تحديات القرارات المهنية:-

مروة كانت تواجه تحديات في اتخاذ قرار مهني هام. كانت ترغب في فهم الخيارات المتاحة لها والتوجيه الذي يمكن أن يشير إلى القرار الأفضل. أثناء قراءة التاروت، كانت الأوراق تركز على التحديات التي كانت تواجهها مروة في مجالها المهني، وأشارت إلى الفرص المحتملة والتطورات الواعدة. كما ساعدت مرو ة هذه القراءة في فتح أفقها وتوجيهها نحو خيار صائب لمستقبلها المهني.

رحلة البحث عن الحب:-

هبة كانت تعيش رحلة بحث عن الحب والشريك المناسب. تواجهت بالكثير من التحديات في فهم علاقاتها وتوجيهها نحو علاقة صحية ومستدامة. خلال قراءة التاروت، تم التركيز على التحديات الشخصية التي كانت تواجهها هبة والعوامل التي قد تكون تأثيرًا على حياتها العاطفية. بفضل القراءة، تمكنت هبة من فتح قلبها وتوجيهها نحو فهم أعمق لاحتياجاتها وتطلعاتها في الح ب.

البحث عن الغموض الروحي:-

يوسف كان يسعى إلى فهم الجوانب الروحية في حياته، وكانت لديه تحديات في فهم الركيزة الروحية ومساره الحياتي. خلال قراءة التاروت، ركزت الأوراق على التواصل مع الجانب الروحي ليوسف، وأشارت إلى الركائز التي يمكن أن تساعده في تحقيق التوازن والتوجيه الروحي. كانت هذه التجربة نقطة تحول في رحلة يوسف نحو النمو الروحي والتفاعل الأعمق مع حياته.

التحديات المشتركة لكل من قاموا بعمل مداخلات لقراءة التاروت فى حلقاتى تتلخص في :

التردد وعدم اليقين : يواجه الكثيرون من هؤلاء التردد في اتخاذ القرارات الحياتية الكبيرة وعدم اليقين حيال المستقبل.

البحث عن الهدف الحياتي : كان لدى البعض تحديات في فهم هدفهم الحياتي وكيفية توجيه حياتهم بشكل أفضل.

العلاقات والحب : اهتمام الكثيرين في فهم العلاقات الشخصية والبحث عن شريك ملهم ومناس ب.

البحث عن الروحانية : كانت هناك تحديات في فهم الجوانب الروحية للحياة وكيفية الاتصال بالأبعاد الروحية لتحقيق التوازن.

تلك هي بعض القصص الحية للأفراد الذين خاضوا تجارب قراءة التاروت، والتحديات التي واجهوها وكيفتم التغلب عليها بفضل تأثير هذا الفن الغامض.

تأثير قراءة التاروت على حياة الأفراد

قصة مروة:

بعد قراءة التاروت التي طلبتها مروة للتوجيه في قرارها المهني، شهدت تغييرًا جذريًا في حياتها. أظهرت الأوراق لها فرصًا جديدة وأسباباً لتطوير مسارها المهني. بناءً على التوجيهات، قررت مروة الانغماس في تحديات جديدة، مما أدى إلى تحسين كبير في رضاها عن حياتها المهنية.

قصة هبة:

بعد جلسة قراءة التاروت لهبة ، شعرت بتحسن واضح في علاقاتها العاطفية. أعطت الأوراق لها رؤى قيمة حول سلوكياتها وتوجيهاتها في العلاقات. انعكست هذه القراءة إيجابًا على قراراتها وأسلوب حياتها العاطفي.

قصة يوسف:

بعد تجربة يوسف في قراءة التاروت، شهد تحولًا روحيًا في حياته. بدأ يوسف في التفكير في طرق جديدة لتحقيق التوازن الروحي، وتوجيهه نحو التطوير الشخصي. كانت هذه القراءة بمثابة فاتحة لفهم أعمق لمساره الروحي.

*****

تغييرات في نظرة الأفراد للحياة

نظرة مروة:

تغيرت نظرة نورا للحياة بشكل إيجابي بعد التفاعل مع قراءة التاروت. أصبحت أكثر ثقة في قدرتها على اتخاذ القرارات الصعبة وفهمت أن هناك أفقًا واسعاً من الفرص تنتظرها إذا كانت مستعدة لاستكشافه.

نظرة هبة:

تأثرت أميرة بشكل كبير في نظرتها للعلاقات وفهمها لنفسها واحتياجاتها. أصبحت تقدر أكثر ما تبحث عنه في شريك حياتها وتفهم أهمية التواصل الفعّال وبناء علاقات صحية.

نظرة يوسف:

تغيرت نظرة يوسف للحياة بعد أن فتحت له قراءة التاروت أفقًا جديداً من الفهم الروحي والتوجيه الذاتي. أصبحيتفاعل بشكل أكبر مع رحلته الروحية، مما أدى إلى نظرة أعمق وأكثر إشراقًا للحياة.

في النهاية، يظهر أن قراءة التاروت لها تأثير كبير على حياة الأفراد، حيث يمكنها توجيههم وتحفيزهم لاتخاذقرارات أفضل وفهم أعماقهم الشخصية.

بناءً على تجربتي وقراءاتي وبحثى وقبل أن اختتم هذه التجربة الشيقة التي قمت بها، أقدم بعض التوصيات الشخصية بشأن التاروت ولكل من يرغب في القراءات الخاصة له رغبة في المعرفة أو التوجيه أو حب استطلاع ، هذه التوصيات بعضها في صورة اسئلة يجب ان يسألها الراغب فى القراءة لنفسه قبل اللجوء للقارئ أو لخبير التاروت :

١- فهم الهدف قبل اللجوء إلى قراءة التاروت، يجب أن يكون هناك فهم واضح للهدف من هذه الجلسة. هل تبحث عن توجيه روحي، أم ترغب في الاستمتاع بتجربة ترفيهية ؟

٢- استشارة قارئ موثوق : في حال كنت تفضل الاستفادة من قراءة تاروت، يفُضل البحث عن قارئ ذو خبرة وسمعة جيدة. يمكن الاطلاع على تقييمات الآخرين أو الطلب على توصيا ت.

٣- التقبل والانفتاح : قبل الجلوس لجلسة تاروت، يجب أن يكون هناك تقبل وانفتاح للتجربة. تجنب الحكم المسبق وكن مستعداً للاستماع إلى رسائل قد تكون غير متوقعة.

٤- تحديد الحدود : حدد حدوداً واضحة بالنسبة لما ترغب في معرفته أو التحدث عنه خلال الجلسة. يساعد ذلك في توجيه القارئ نحو المواضيع التي تهمك.

٥- النظر إلى التاريخ : يمكن أن تكون قراءة التاروت تجربة شيقة عند النظر إلى تاريخك الشخصي والتفاعل مع الرموز والصور بناءً على تجاربك الخاصة.

٦- تحليل رموز البطاقات : قم بفحص وتحليل رموز البطاقات بشكل فردي وكيف تتعلق بسياق حياتك. قد تجد أن هناك روابط مثيرة للاهتمام أو رؤى تلقائية.

٧- التفاعل بشكل نقدي : يمكن أن يكون التفاعل بشكل نقدي مفيداً. استفسر واستكشف الرؤى بشكل مفصل ،وتأمل في كيف يمكن تكاملها في حياتك بشكل إيجابي.

٨- الاستمتاع بالعملية : فى النهاية، يجب أن تكون قراءة التاروت تجربة ممتعة ومثيرة. استمتع بالعملية واستفد من الرحلة الفريدة التي تقدمها هذه الفنون الروحية .

الخاتمة

في ختام هذا الكتاب حول عالم التاروت، نتطلع إلى الوراء لنرى كيف قمنا برحلة استكشاف هذا الفن الغامض وكيف تجاوزنا حدود الأوراق والرموز إلى عوالم الفهم العميقة. كانت هذه الرحلة مليئة بالقصص الشخصية والتجارب الفريدة، حيث شاركنا العديد من الأفراد قصصهم حول قراءات التاروت وتأثيرها على حياتهم.

في طريقنا، استكشفنا ماضي التاروت وأصوله الثقافية، وتناولنا التطورات التي شهدها عبر العصور. اطلعنا على رؤى مؤسسي هذا الفن وكيف تشكلت فلسفته وقوانينه الخاصة. كما تعمقنا في فهم تأثيرات التاروت على المجتمع والفرد، وكيف تكامل في عالمنا الحدي ث.

رصدنا الآراء المتباينة حول هذا الفن، من المؤيدين الذين يرون فيه تجربة روحية مميزة، إلى المعارضين الذين يعتبرونه أداة ذات فقه غامض. سمعنا القصص الحية لأولئك الذين جربوا قراءات خاصة بهم، وشاهدنا كيف تغيرت حياتهم بفعل هذه التجار ب.

في نهاية هذا الكتاب، يبقى السؤال: هل يكون التاروت حقيقة أم وهم؟ هل هو حلال أم حرام؟ إن الإجابة تكمن في تجربتك الشخصية وفهمك الفريد. ندعوكم إلى أن تحتفظوا بالروح المستكشفة وتستمروا في استكشاف عوالم التاروت بذهن مفتوح وقلب متسامح.

شكرًا لكم جميعًا على رحلتكم معنا في هذا الكتاب، ونتطلع إلى أن نلتقي مجدداً في مستقبل قريب في رحلات استكشافية جديدة ومثيرة.

حنان إسماعيل

الإعلامية والكاتبة الصحفية

الفهرس